ORDONNANCE
DU ROI,

Pour donner une nouvelle forme au Régiment de Pondichéry, créé le 30 Décembre 1772, pour la garde des possessions de Sa Majesté dans l'Inde.

Du 21 Juillet 1775.

DE PAR LE ROI.

S A MAJESTÉ s'étant fait rendre compte de la situation du Régiment de Pondichéry, créé par Ordonnance du 30 décembre 1772, Elle a jugé qu'il convenoit au bien de son service de faire quelques changemens dans sa composition; en conséquence, SA MAJESTÉ a ordonné & ordonne ce qui suit:

A

ARTICLE PREMIER.

LE régiment de Pondichéry, créé ſur le pied de deux Bataillons, ne ſera plus à l'avenir formé que d'un ſeul Bataillon, & continuera d'exiſter ſous la même dénomination.

2.

LE bataillon ſera commandé par un Chef de bataillon, & compoſé de dix compagnies, dont une de Grenadiers, une de Chaſſeurs & huit de Fuſiliers.

3.

CHACUNE des Compagnies de Grenadiers & Chaſſeurs, ſera commandée par un Capitaine, un Lieutenant & un Sous-lieutenant; & compoſée d'un Fourrier, deux Sergens, quatre Caporaux, quatre Appointés, quarante Grenadiers ou Chaſſeurs, & d'un Tambour. Les quatre Caporaux, les quatre Appointés & les quarante Grenadiers ou Chaſſeurs, feront diſtribués en quatre eſcouades de douze hommes chacune, dont un Caporal & un Appointé; la première & la troiſième de ces eſcouades formeront la première diviſion à laquelle ſera attaché le premier Sergent; la ſeconde & la quatrième eſcouade formeront la ſeconde diviſion, à laquelle ſera attaché le ſecond Sergent; la première diviſion ſera ſubordonnée au Lieutenant, & la ſeconde au Sous-lieutenant: ces deux Officiers en rendront compte tous les jours au Capitaine qui en répondra au Chef de bataillon, le Chef de bataillon au Major, & le Major au Colonel, ou en ſon abſence au Lieutenant-colonel.

4.

L'INTENTION de Sa Majeſté eſt que les Grenadiers

& Chaſſeurs qui viendront à manquer, ſoient remplacés ſur le champ par les Compagnies de Fuſiliers indiſtinctement, où il ſe trouvera les Soldats les plus propres à ce ſervice ; les Grenadiers ſeront choiſis comme il eſt d'uſage , & les Chaſſeurs, parmi les Soldats les plus ingambes, les plus en état de marcher, ſans avoir aucun égard à la taille.

Remplacement des Grenadiers & Chaſſeurs.

5.

LES Colonel, Lieutenant-colonel & Chef de bataillon, n'auront point de Compagnie.

6.

CHACUNE des Compagnies de Fuſiliers, ſera commandée par un Capitaine, un Lieutenant, un Sous-lieutenant; & ſera compoſée d'un Fourrier, quatre Sergens, huit Caporaux, huit Appointés, quatre-vingts Fuſiliers, & deux Tambours.

Compoſition des Compagnies de Fuſiliers.

Les huit Caporaux, les huit Appointés & les quatre-vingts Fuſiliers formeront huit eſcouades de douze hommes chacune, y compris un Caporal & un Appointé : la première & la cinquième eſcouade formeront une première ſubdiviſion, à laquelle ſera attaché le premier Sergent; la ſeconde & la ſixième eſcouade formeront la ſeconde ſubdiviſion, à laquelle ſera attaché le ſecond Sergent ; la troiſième & la ſeptième eſcouade formeront la troiſième ſubdiviſion, à laquelle ſera attaché le troiſième Sergent ; la quatrième & la huitième eſcouade formeront la quatrième ſubdiviſion, à laquelle ſera attaché le quatrième Sergent.

Diviſion deſdites Compagnies par eſcouades.

Les première & troiſième ſubdiviſions formeront la première diviſion qui ſera ſubordonnée au Lieutenant, & les deuxième & quatrième ſubdiviſions formeront la ſeconde diviſion que commandera le Sous-lieutenant : ces deux Officiers en rendront compte tous les jours au Capitaine, qui en répondra au Chef de bataillon, le Chef de bataillon au Major, & celui-ci au Colonel, ou en son absence, au Lieutenant-colonel.

7.

Composition de l'État-major.

L'ÉTAT-MAJOR dudit Régiment, sera composé d'un Colonel, d'un Lieutenant-colonel, d'un Major, d'un Chef de bataillon, de deux Aides-major, de deux Sous-aides-major, de deux Porte-drapeaux, & d'un Tambour-major.

8.

Choix des Lieutenant-colonel & Major.

SA MAJESTÉ considérant que le bien de son service exige que les charges de Lieutenant-colonel & de Major, soient remplies par les Officiers les plus distingués, tant par leurs services que par leurs talens, Elle a résolu de s'en réserver la nomination, & de choisir à l'avenir les sujets qui devront les remplacer, parmi les Chefs de bataillon & Capitaines des Régimens de France & des Colonies indistinctement, qu'Elle jugera devoir mériter cet avancement.

9.

Chefs de Bataillon, parvenant à ce grade par ancienneté.

LE Chef de bataillon parviendra à ce grade par son ancienneté, & ce sera à l'avenir le Capitaine de Grenadiers du Régiment, qui sera pourvu de cet emploi quand il viendra à vaquer : Le Chef de bataillon aura rang de Major, commandera & aura la police du Bataillon, mais sera toujours subordonné au Major du Régiment.

1O.

Capitaines de Grenadiers,

LE plus ancien Capitaine de Fusiliers du Régiment,

montera à la Compagnie de Grenadiers quand elle viendra à vaquer.

parvenant à ladite Compagnie par ancienneté.

11.

LA Compagnie de Chasseurs sera donnée au Capitaine de Fusiliers, qui sera jugé le plus capable de la bien commander, sans avoir égard à l'ancienneté.

Capitaines de Chasseurs, parvenant à ladite Compagnie, sans avoir égard à l'ancienneté.

12.

LES Compagnies de Fusiliers qui viendront à vaquer, seront données à l'avenir alternativement au premier Lieutenant du Régiment & à un Officier tiré des Troupes de France, dont Sa Majesté se réserve la nomination.

Compagnies de Fusiliers, données alternativement au premier Lieutenant du Régiment, ou à un Officier dont le Roi se réserve la nomination.

13.

LORSQU'IL vaquera une Aide-majorité, le Colonel proposera le sujet qu'il croira le plus capable de bien remplir cette place, & le choisira parmi les Capitaines, les Sous-aides-major & les Lieutenans.

Choix des Aides-major.

14.

LORSQU'IL vaquera une Sous-aide-majorité, le Colonel proposera également le sujet qu'il croira le plus capable, & choisira parmi les Lieutenans & Sous-lieutenans : Le Sous-aide-major aura rang de Lieutenant du jour de sa réception ou brevet ; & en conséquence, il commandera à tous les Sous-lieutenans & à tous les Lieutenans moins anciens que lui.

Choix des Sous-aide-major.

15.

LES Porte-drapeaux seront à l'avenir tirés du Corps des Fourriers & Sergens, auront rang de derniers Sous-lieutenans, & seront tenus dans tous les temps de porter les drapeaux à pied.

Choix des Porte-drapeaux.

16.

L'INTENTION de Sa Majesté est que le Commandant général des établissemens françois dans l'Inde, ou en son absence celui qui le représentera, inspecte ledit Régiment, d'après les instructions qui lui seront adressées, pour en faire la revue.

17.

SA MAJESTÉ considérant l'éloignement de Pondi-chéry, autorise le Commandant général, ou en son absence, celui qui le représente, de pourvoir provisoirement aux places de Chefs de bataillon, Capitaines de Grenadiers, Capitaines de Chasseurs, Aides-major, Sous-aides-major, Lieutenans & Porte-drapeaux, qui par la suite viendront à vaquer; ces places devant être remplies, ou par ordre d'ancienneté, ou conformément à la proposition du Colonel, ainsi qu'il est expliqué par les articles 9, 10, 11, 12, 13, 14 & 15 de la présente Ordonnance : Le Commandant général donnera une commission provisoire auxdits Officiers, en vertu de laquelle ils seront reçus dans leur nouveau grade ; & il en instruira le Secrétaire d'État ayant le département de la Marine, pour leur faire expédier d'autres commissions de Sa Majesté.

Quant aux Compagnies de Fusiliers & Sous-lieutenances qui viendront à vaquer, Sa Majesté se réserve d'y pourvoir, sur l'avis qui en sera donné par le Commandant général & le Colonel du Régiment, au Secrétaire d'État ayant le département de la Marine : Le Commandant général & le Colonel désigneront les Lieutenans qui doivent monter, par leur ancienneté, aux Compagnies, & joindront à leur avis une note de leurs talens, application & conduite.

18.

LE Major sera seul chargé d'ordonner, sous l'autorité

du Colonel & du Lieutenant-colonel, les menues réparations, dont il confiera le soin à l'Aide-major & au Sous-aide-major, qui feront tenus de lui en rendre compte ; il fera chargé de plus de l'adminiftration des deniers du Régiment, & pour n'être pas diftrait de fes fonctions, il pourra choifir un Officier auquel il confiera l'adminiftration de la Caiffe & toute la régie du détail fous fon autorité : Cet Officier, dont le nom fera porté fur la revue comme chargé du détail, recevra fix cents livres par an en fus des appointemens de fon grade ; & néanmoins le Major répondra toujours de la Caiffe, & fera tenu de figner & certifier tous les mouvemens du contrôle du Régiment, & de les envoyer au Secrétaire d'État ayant le département de la Marine.

Le Major chargé fupérieurement des menues réparations & de l'adminiftration de la Caiffe.

19.

TOUT l'argent de la folde ou de toute autre partie, qui appartiendra au Régiment, fera remis tous les mois au Major, pour être enfermé dans une caiffe, à laquelle il y aura trois ferrures, dont le Colonel aura une clef, le Major, une autre ; & l'Officier chargé du détail, la troifième. En l'abfence du Colonel, la clef, dont il doit être dépofitaire, demeurera entre les mains du Lieutenant-colonel, ou de l'Officier qui fe trouvera commander le régiment. En l'abfence du Major, fa clef fera remife à l'Aide-major, de manière que, dans tous les cas, la caiffe ne puiffe s'ouvrir qu'en préfence de trois perfonnes. Il y aura toujours, dans la caiffe, un état des fonds qui y feront mis, & un état de ceux qui en feront tirés, avec les caufes des recettes & dépenfes. Ces états feront fignés par le Commandant du Corps, par le Major & l'Officier chargé de la caiffe ; il en fera remis un tous les mois aux Commandant & Intendant de Pondichéry.

Établiffement d'une Caiffe à trois ferrures.

Adminiftration de la Caiffe.

A iiij

20.

Choix
des bas Officiers.

LE Colonel nommera aux places de Fourrier & de Sergent, qui viendront à vaquer; il choiſira les Fourriers parmi tous les Sergens du Régiment, & les Sergens parmi tous les Caporaux. Les Capitaines des Grenadiers, Chaſſeurs & Fuſiliers, propoſeront au Colonel, les Caporaux qu'ils choiſiront parmi les Appointés & Soldats de leurs Compagnies. Quant aux places d'Appointés, elles feront données à l'ancienneté.

21.

Terme
des Engagemens
fixé à huit ans.

LE terme des engagemens ſera fixé à huit ans. Les Soldats, qui monteront aux hautes-payes, ne feront pas tenus de fervir trois ans au-delà du terme de leur engagement, & le congé abſolu ſera donné régulièrement aux Soldats dont l'engagement ſera expiré.

22.

Récompenſe
pour les Soldats
qui auront
contraclé un ſecond
engagement.

TOUS bas Officier ou Soldat, qui voudra renouveler un ſecond engagement, recevra, à ſon choix, cent vingt livres comptant, ou un fou de haute-paye par jour pendant les huit ans de ſon ſecond engagement; dans les deux cas, il portera pour marque diſtinctive de ſon ſervice, ſur le bras gauche, un chevron de ruban de laine de la couleur du parement, comme il eſt établi dans l'Infanterie Françoiſe.

Les Soldats, qui auront renouvelé ce ſecond engagement, & qui, après avoir ſervi ſeize ans dans le Régiment, ou ci-devant dans les Troupes de la Colonie ou au-delà, ſe trouveront hors d'état par des infirmités ou bleſſures, de continuer leurs ſervices, ce qui ſera conſtaté par le Commandant général lors de ſon inſpection, jouiront chez eux de la moitié de la folde du grade dans lequel ils auront fervi huit ans, ou feront placés dans la Compagnie des Invalides de l'Ifle de France.

23.

TOUS bas Officier ou Soldat, qui renouvellera volontairement un troifième engagement, recevra, à fon choix, deux cents quarante livres comptant, ou deux fous de haute-paye par jour pendant la durée de fon troifième engagement, & portera deux chevrons de laine fur le bras.

Récompenfe pour les Soldats qui auront contracté un troifième engagement.

24.

LES bas Officiers ou Soldats qui, ayant renouvelé un troifième engagement, auront fervi vingt-quatre ans dans le Régiment, ou ci-devant dans les Troupes de la Colonie, pourront fe retirer chez eux avec la folde entière de leur grade actuel, pourvu qu'ils aient fervi huit ans, fans quoi ils ne jouiront que de la folde du grade qu'ils avoient auparavant.

Récompenfe pour les Soldats qui ont acquis la vétérance.

Les bas Officiers ou Soldats, qui, après vingt-quatre ans de fervice, voudront le continuer dans le Régiment, recevront une haute-paye de quatre fous par jour tant qu'ils refteront au Régiment; & tous les ans, à la revue d'infpection, ces Soldats vétérans feront les maîtres de fe retirer chez eux avec leur folde entière, comme il eft expliqué ci-deffus, ou feront placés dans la Compagnie des Invalides de l'Ifle de France, s'ils le préfèrent. Ces Soldats, ayant acquis la vétérance, en porteront la marque diftinctive comme les autres vétérans de l'Infanterie Françoife. Le Commandant général en adreffera, après fa revue d'infpection, un état nominatif au Secrétaire d'État ayant le département de la Marine, afin qu'il adreffe au Régiment les brevets & plaques de ces vétérans.

A v

2 5.

L E Commandant général adressera tous les ans, après sa revue d'inspection, au Secrétaire d'État ayant le département de la Marine, un état des demi-soldes & soldes entières qu'il aura été dans le cas d'accorder, avec une note des services de ces Soldats, de leur grade, de leurs différens engagemens, de leurs noms & surnoms, & des lieux où ceux qui les auront obtenues, se retirent en France, afin qu'il soit pourvu au payement desdites demi-soldes ou soldes entières. Ceux desdits Soldats qui resteront à Pondichéry, en seront payés par les ordres de l'Intendant de ladite Colonie. Les bas Officiers & Soldats à qui la solde ou demi-solde aura été accordée, & qui se retireront en France, se présenteront en débarquant au Commissaire de la Marine, de résidence dans le port de leur débarquement, lui présenteront leur cartouche & certificat de service, sur lesquels sera fait mention de la solde accordée. Ledit Commissaire mettra son vu sur les cartouches, les enregistrera, & donnera avis au Secrétaire d'État ayant le département de la Marine, de l'arrivée des bas Officiers & Soldats, & des lieux où ils se retireront; il leur fera payer pour les mettre en état de se rendre en droiture dans les lieux où ils devront se retirer pour y jouir de la solde ou demi-solde qui leur aura été accordée; savoir, quatre sous par lieue à chacun des Fourriers, Sergens & Caporaux, & trois sous aussi par lieue à chacun des Appointés & Soldats; & en outre, six livres à chacun d'eux sans distinction de grade, pour leur tenir lieu de traversée & leur donner les moyens de se fournir les menues hardes dont ils pourront avoir besoin à leur débarquement.

2 6.

L E Commandant général, chaque année, lors de sa revue

d'infpection, conftatera le nombre des Soldats qui doivent jouir des hautes-payes accordées par les articles 22, 23 & 24 de la préfente Ordonnance, & ce qui aura été débourfé par le Régiment, pour les rengagemens. Il arrêtera le montant de ces deux objets; il en donnera main-levée au Major du Régiment, au bas de l'état nominatif defdits Soldats; & le Major fera rembourfé par le Tréforier de la Colonie, des avances que la caiffe du Régiment aura pu faire à ce fujet. Le Commandant général remettra après fa revue, l'état nominatif de ces hautes-payes, figné de lui & des Commandant & Major du Régiment, au Commiffaire de la Marine, chargé de la police du Régiment, pour en fuivre le mouvement dans fes revues.

Avances faites par la Caiffe au Régiment, des hautes-payes & des rengagemens, rembourfées par une main-levée de l'Infpecteur.

27.

SA MAJESTÉ jugeant qu'il eft plus convenable & p'us utile au bien de fon fervice, de n'employer à l'avenir que des Noirs pour Tambours, ordonne qu'il fera engagé dix-huit Topas, jeunes, d'une taille & figure convenables & les plus propres en tout à apprendre à battre la caiffe & à jouer des inftrumens militaires; lefquels dix-huit Topas formeront à l'avenir le Corps des Tambours, fous la difcipline du Tambour-major. Comme il y a deux Tambours par compagnie de Fufiliers, Sa Majefté permet qu'il y ait quatre de ces Tambours qui foient Muficiens, & jouent des inftrumens militaires.

Corps des Tambours, formé de Noirs.

Ces Tambours feront chambrée & ordinaire enfemble.

28.

LES appointemens des Officiers, & la folde des Soldats du Régiment, feront payés fur le pied qui fuit, à compter du jour de l'enregiftrement de la préfente Ordonnance au contrôle de la Marine, à Pondichéry; le tout fans aucune augmentation pour raifon de logement, ou pour tenir lieu de rations, ou à quelqu'autre titre que ce foit.

Appointemens & Solde.

SAVOIR:

ÉTAT-MAJOR.

	APPOINTEMENS ET SOLDE.							
	Par jour.			Par mois.			Par an.
Au Colonel, vingt-sept livres quinze sous six deniers deux tiers, ci...	27^l	15^f	6$^{d}\frac{2}{3}$	833^l	6^f	8^d	10000^l
Au Lieutenant-colonel, seize livres treize sous quatre deniers, ci...	16.	13.	4	500.	//	//	6000.
Au Major, treize livres dix-sept sous neuf deniers un tiers........	13.	17.	9$\frac{1}{3}$	416.	13.	4	5000.
Au Chef de bataillon, onze livres deux sous deux deniers deux tiers, ci................	11.	2.	2$\frac{2}{3}$	333.	6.	8	4000.
A chaque Aide-major avec commission de Capitaine, six livres treize sous quatre deniers, ci...	6.	13.	4	200.	//	//	2400.
A chaque Aide-major sans commission de Capitaine, cinq livres, ci................	5.	//	//	150.	//	//	1800.
A chaque Sous-aide-major, quatre livres huit sous dix deniers deux tiers, ci................	4.	8.	10$\frac{2}{3}$	133.	6.	8	1600.
A chaque Porte-drapeau, deux liv. quinze sous six den. deux tiers, ci.	2.	15.	6$\frac{2}{3}$	83.	6.	8	1000.
Au Tambour-major, dix-neuf sous, ci................	//	19.	//	28.	10.	//	342.

COMPAGNIE DE GRENADIERS

	Par jour.			Par mois.			Par an.
Au Capitaine, huit livres six sous huit deniers, ci...........	8.	6.	8	250.	//	//	3000.
Au Lieutenant, cinq livres, ci...	5.	//	//	150.	//	//	1800.
Au Sous-lieutenant, quatre livres trois sous quatre deniers, ci....	4.	3.	4	125.	//	//	1500.
Au Fourrier, une livre, ci......	1.	//	//	30.	//	//	360.
A chaque Sergent, dix-huit sous six deniers, ci.............	//	18.	6	27	15.	//	333.
A chaque Caporal, treize sous, ci	//	13.	//	19.	10.	//	234.
A chaque Appointé, onze sous six deniers, ci..............	//	11.	6	17.	5.	//	207.

	APPOINTEMENS ET SOLDE.					
	Par jour.			Par mois.		Par an.
A chaque Grenadier, dix fous, ci.	//	10ˢ	//ᵈ	15ˡ	//ˢ //	180ˡ
Au Tambour-Noir, huit fous, ci. .	//	8.	//	12.	//. //	144.
COMPAGNIE DE CHASSEURS.						
Au Capitaine, fept livres dix fous, ci	7.	10.	//	225.	//. //	2700.
Au Lieutenant, quatre livres quatorze fous cinq deniers un tiers, ci...	4.	14.	5⅓	141.	13. 4	1700.
Au Sous-lieutenant, trois livres dix-fept fous cinq deniers un tiers, ci.	3.	17.	5⅓	116.	13. 4	1400.
Au Fourrier, dix-neuf fous fix deniers, ci. . . . . ·	//	19.	6	29.	5. //	351.
A chaque Sergent, dix-huit fous, ci.	//	18.	//	27.	// //	324.
A chaque Caporal, douze fous fix deniers, ci.	//	12.	6	18.	15. //	225.
A chaque Appointé, onze fous, ci.	//	11.	//	16.	10. //	198.
A chaque Chaffeur, neuf fous fix deniers, ci.	//	9.	6	14.	5. //	171.
Au Tambour-Noir, huit fous, ci...	//	8.	//	12.	//. //	144.
COMPAGNIES DE FUSILIERS.						
Au Capitaine, fix livres treize fous quatre deniers, ci.	6.	13.	4	200.	// //	2400.
Au Lieutenant, quatre livres huit fous dix deniers deux tiers, ci...	4.	8.	10⅔	133.	6. 8	1600.
Au Sous-lieutenant, trois liv. douze fous deux deniers deux tiers, ci.	3.	12.	2⅔	108.	6. 8	1300.
Au Fourrier, dix-huit fous fix den. ci.	//	18.	6	27.	15. //	333.
A chaque Sergent, dix-fept fous, ci.	//	17.	//	25.	10. //	306.
A chaque Caporal, onze fous fix deniers, ci.	//	11.	6	17.	5. //	207.
A chaque Appointé, dix fous, ci..	//	10.	//	15.	// //	180.
A chaque Fufilier, huit fous fix den. ci.	//	8.	6	12.	15. //	153.
A chaque Tambour-Noir, huit fous, ci.	//	8.	//	12.	//. //	144.

29.

LES Officiers, tant de l'État-major que des Compagnies, jouiront de leurs appointemens en entier, à la seule déduction des quatre deniers pour livre attribués aux Invalides de la Marine. Les Capitaines supporteront en outre, la retenue des quatre deniers pour livre, sur la solde des bas Officiers & Soldats de leur Compagnie.

30.

VEUT & entend Sa Majesté, que sur la solde réglée à chaque Fourrier, Sergent, Caporal, Appointé, Grenadier, Chasseur, Fusilier & Tambour, il en soit affecté seize deniers par jour par chaque Fourrier & Sergent; & huit deniers par chaque Caporal, Appointé, Grenadier, Chasseur, Fusilier & Tambour, pour s'entretenir de linge & chaussure.

Le décompte de la retenue pour linge & chaussure, sera fait tous les quatre mois, afin que chacun puisse connoître sa situation; & pour cet effet, le chef de chaque chambrée sera tenu d'y afficher le décompte de chacun.

Après ce décompte fait, on conservera à la Masse de l'entretien du linge & chaussure, la somme de quinze livres pour chaque homme, laquelle formera le premier article de recette du décompte, & le surplus lui sera payé sur le champ. Lesdites quinze livres seront conservées à la caisse, & ne seront données à chacun d'eux, sauf le cas d'un besoin imprévu, que lorsqu'après avoir obtenu leur congé absolu, ils quitteront le Régiment.

31.

A l'égard des réparations journalières de l'habillement, équipement, armement, entretien de caisses de Tambours du Régiment, Sa Majesté fera former sur le pied du complet, une Maſſe de cinq livres pour chaque homme par an, en tout temps, laquelle ſera remiſe tous les mois à la caiſſe du Régiment, avec la ſolde, pour être employée auxdites réparations; & ſera tenu le Major d'en rendre compte, ainſi qu'il ſera ci-après ordonné.

Maſſe de cinq livres par homme à ce attribuée.

32.

LES appointemens & la ſolde du Régiment, ſeront pris ſur les fonds à ce deſtinés, ainſi que toute la dépenſe relative à la levée & au remplacement des hommes.

Fonds deſtinés pour les appointemens & ſolde.

33.

LES revues & montres ſeront faites tous les mois par un Commiſſaire de la Marine ou un autre principal Officier d'adminiſtration, dans la forme preſcrite par les Ordonnances pour les Troupes de Sa Majeſté.

Revue des Commiſſaires de la Marine tous les mois.

34.

LES appointemens des Officiers & la ſolde des Soldats, ſeront payés tous les mois au Major, d'après la revue du Commiſſaire, ainſi que le montant de la Maſſe des menues réparations de l'habillement, équipement & armement, dont le Major donnera ſon reçu proviſionnel; il donnera à la fin de chaque année une quittance du tout, & cette quittance ſera ſeule aſſujettie au contrôle.

Appointemens & Solde payés tous les mois.

35.

LE Major rendra tous les ans en préſence du Colonel & du Lieutenant-colonel, devant le Commandant général & l'Intendant de la Colonie, ou ceux qui les repréſenteront, un compte général des ſommes qu'il aura reçues, & des dépenſes qui auront été faites pour le régiment; & ledit

Compte du Major arrêté tous les ans par le Commandant général & l'Intendant.

compte fera clos & arrêté par eux à la fin de chaque
année.

Il fera fait trois expéditions dudit compte & de l'arrêté
qui fera mis au bas, dont une fera remife au Major pour
fa décharge, la feconde au contrôle de la Marine, & la
troifième fera envoyée au Secrétaire d'État ayant le département de la Marine.

36.

*Les Tambours
actuels
répartis dans
les Compagnies
de Fufiliers.*

SA MAJESTÉ ayant réglé par la préfente Ordonnance,
que le Corps des Tambours feroit compofé de Noirs,
les Tambours actuels feront répartis dans les compagnies
de Fufiliers.

37.

*Uniforme
du Régiment.*

L'UNIFORME du Régiment de Pondichery, continuera
d'être le même que celui réglé par l'Ordonnance du 30
décembre 1772 ; le Chef de bataillon portera une épaulette
en argent, avec une frange fimple en or ; les Chaffeurs
auront pour diftinction deux épaulettes de drap rouge ; les
Tambours auront pour coiffure un bonnet avec une
plume blanche au lieu de cocarde, dont la forme fera
prefcrite par le Commandant général.

38.

*Défenfe
de laiffer travailler
les Soldats
hors de
la garnifon.*

SA MAJESTÉ défend expreffément au Colonel &
aux Officiers dudit Régiment, de laiffer travailler aucuns
Soldats hors de leur garnifon, fous quelque prétexte que
ce foit ; ils ne doivent être employés qu'aux travaux du
Roi, pour lefquels ils feront payés, fuivant le prix fixé
par le Commandant général & Intendant, & par l'Ingénieur.
Tout Soldat qui aura la permiffion de travailler de fon

métier, dans le lieu de fa garnifon, fera tenu de coucher aux cafernes.

39.

VEUT Sa Majefté qu'à Pondichéry & dans les comptoirs qui en dépendent, le fervice fe faffe, grade égal, par ancienneté de commiffions, lettres ou brevets, afin d'éviter les difficultés qui pourroient furvenir entre les Officiers des différens Corps ou Régimens qui fe trouveroient dans l'Inde.

40.

IL fera fourni à chaque bas Officier ou Soldat, quarante livres de ris par mois, fans qu'il foit queftion d'aucune retenue pour cette fourniture.

41.

ENTEND au furplus Sa Majefté que l'Ordonnance du 30 décembre 1772, portant création du Régiment de Pondichéry, fera exécutée pour les articles auxquels il n'eft pas dérogé par la préfente.

MANDE & ordonne Sa Majefté à Monf. le Duc de Penthièvre, Amiral de France, au Commandant général des établiffemens françois dans l'Inde, aux Officiers d'adminiftration, & à tous ceux qu'il appartiendra, de tenir la main à l'exécution de la préfente Ordonnance.

FAIT à Verfailles le vingt-un juillet mil fept cent foixante-quinze. *Signé* LOUIS. *Et plus bas,* DE SARTINE.

LE DUC DE PENTHIÈVRE,
Amiral de France.

VU l'Ordonnance du Roi ci-deſſus & des autres parts, à nous adreſſée : MANDONS à tous ceux ſur qui notre pouvoir s'étend, de l'exécuter & faire exécuter ſuivant ſa forme & teneur. FAIT à Bizy le vingt-quatre octobre mil ſept cent ſoixante-quinze. *Signé* L. J. M. DE BOURBON. *Et plus bas,* Par ſon Alteſſe Séréniſſime. *Signé* DE GRANDBOURG.

A PARIS,
DE L'IMPRIMERIE ROYALE.

M. DCCLXXV.

www.ingramcontent.com/pod-product-compliance
Lightning Source LLC
LaVergne TN
LVHW011504170726
843501LV00009B/3597